Une bab
Le Cambusier
Un navire
Un goéland
CAVE CANEM
1770
Un doublon
WOUF
Le pavillon noir
Un tatouage
Le Calfat
La grande roue
Le Moucheur
Un mousquet
Un nonosse

Ce livre
appartient à
- - - - - - - - - - - - - - - - -

Des mêmes auteurs à *l'école des loisirs* :

Collection ALBUMS

Les chiens pirates. Adieu côtelettes !
Les chiens pirates. Prisonniers des glaces !
Les chiens pirates. Dans les griffes de Barbechat !
Les chiens pirates. Et le Vaisseau Fantôme !

Un loup sort dans la nuit

Radio Banane

La compagnie des griffes

Collection MOUCHE

Chère Bertille et la Lune en gruyère
Chère Bertille au centre de la Terre
Chère Bertille à bord du Redoutable

Après minuit. Trop de sel dans les pâtes
Après minuit. Le professeur fou
Après minuit. Dans les ténèbres du bois Trochu

Cette histoire a été commencée dans un train filant à grande vitesse le long de la Loire, et a été terminée sur une île battue par les vents de la mer Adriatique. Elle est dédiée à Pap et Papa, de la part de Coco et Ma Petite Chérie.

Loi numéro 49 956 du 16 juillet 1949 sur les publications destinées à la jeunesse : octobre 2023
Dépôt légal : octobre 2023
Imprimé en France par Pollina à Luçon - 47387
ISBN 978-2-211-31440-4

Une histoire écrite et dessinée par
Clémentine Mélois & Rudy Spiessert

Les Chiens

PIRATES

Et le Vaisseau Fantôme !

l'école des loisirs
11, rue de Sèvres, Paris 6e

Lundi

Par un beau soir d'hiver, sur la côte endormie,
une lumière brillait sur la lande.
Les chiens pirates se hâtaient dans sa direction.
Ils allaient rendre visite à la mère du canonnier,
promesse d'un excellent moment et, surtout,
d'un plantureux repas chaud.

Une heure et quart plus tard, le ventre plein et la tête lourde (ils s'étaient resservis douze fois de tous les plats), ils étaient installés dans le salon, près d'un bon feu.
La mère du canonnier leur montrait des albums photos.

Les chiens pirates s'amusaient beaucoup. Tous les membres de la famille du canonnier avaient exactement la même tête que lui. Le vrai canonnier était de plus en plus embarrassé. Les chiens pirates rigolaient comme des baleines.

« Bon, ce n'est pas tout ça », dit la mère du canonnier. « Avant que j'oublie, j'ai repéré une annonce qui devrait vous intéresser. Attendez que je la retrouve… »

Elle farfouilla dans son sac et tendit un morceau de papier au cambusier.

Le cambusier la regarda d'un drôle d'air. Sans vouloir la vexer, aucun d'eux n'avait besoin d'aide pour faire ses lacets (dans la mesure où ils portaient des bottes), et encore moins pour refroidir sa soupe (vu que personne n'aimait ça).

La mère du canonnier s'écria :
« Ah non, attendez ! Je me suis trompée d'annonce ! Voilà, c'est celle-là ! »
Elle lui prit le morceau de papier des mains et lui en tendit un autre.

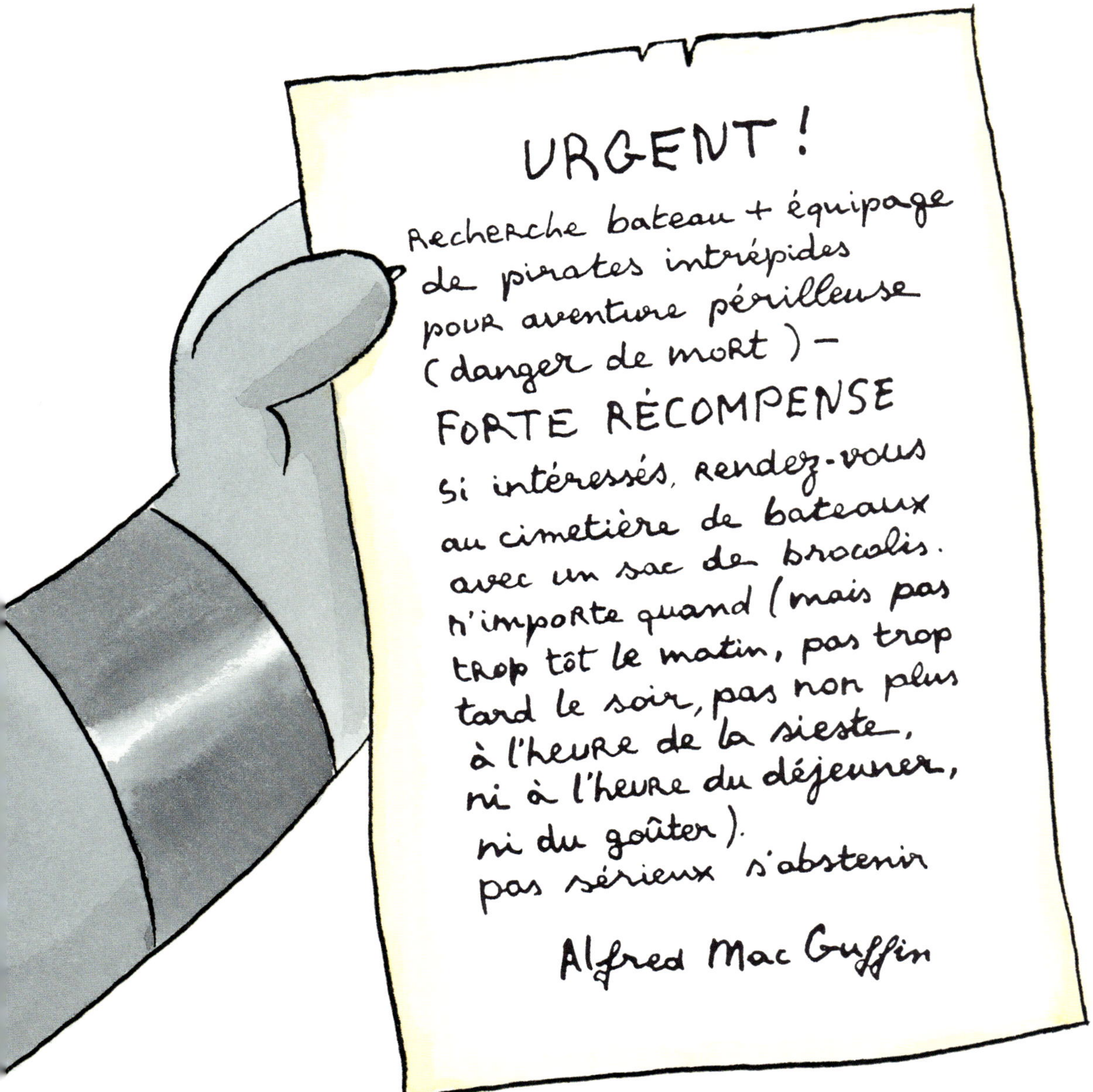

« Alors, qu'est-ce que vous en dites ? Formidable, non ? » demanda-t-elle.

Les chiens pirates furent piqués au vif dans leur amour-propre. Évidemment qu'ils étaient des pirates ! Les plus redoutables pirates des mers du Sud, la terreur des cinq océans, la pire canaille ayant jamais navigué ! Bien sûr que non, ils n'avaient pas peur, jamais de la vie !

« L'embêtant, c'est qu'on n'a pas de brocolis… » avança le moucheur. « Pas de problème, mes garçons, j'en ai justement acheté chez Mammouth ce matin ! Mais pour l'instant, allez hop, pipi, les dents et au lit ! » lança gaiement la mère du canonnier.

Ainsi donc, le sort en était jeté.
Dès le lendemain matin (pas trop tôt), les chiens pirates se lanceraient dans une nouvelle aventure. Sur cette grande nouvelle, ils se couchèrent et s'endormirent sans tarder.

Mardi

Au petit jour, juste après onze heures,
les chiens pirates se mirent en route
avec le sac de brocolis, qui dégageait
une odeur affreuse.
Le cimetière de bateaux était un
amoncellement d'épaves de baleinières,
canots, frégates et caravelles déglinguées
aux couleurs bariolées.

Devant l'une d'elles, deux vieux moutons en kilt se chamaillaient d'une voix éraillée.

Leur dispute fut stoppée net par un bruit épouvantable, à mi-chemin entre une corne de brume, un train qui freine ou un cochon qui se serait coincé la patte dans une porte. *POOOOONDVUUUUTCRIIIIDOUVUIIIIIIIUUUUUUU*

« Alerte rouge ! Tous aux abris ! » s'écrièrent en chœur Mac Nugget et Mac Bouc en se carapatant.
Au même instant, un troisième mouton fit son apparition. Il soufflait comme un bœuf dans une cornemuse en marchant d'un pas cadencé, l'air très digne.

Ayant aperçu les chiens pirates, le mouton cessa de jouer
(au grand soulagement de tous) et vint les rejoindre.

« Vous venez pour l'annonce, camarades ? » demanda-t-il avec excitation. Puis, sans attendre de réponse, il se pencha et ajouta :
« Que je vous explique un peu les dessous de l'histoire… Voyez-vous, avec ces deux énergumènes, nous avons fait un pari… », Mac Guffin s'enflammait, « Je dois ABSOLUMENT ramener le pavillon noir du Vaisseau Fantôme ! Ces vieilles badernes ne m'en croient pas capable ! Si j'échoue, l'honneur du clan Mac Guffin TOUT ENTIER sera terni sur dix générations ! Ce serait affreux ! Calamiteux et pire encore ! »

Ce mouton en kilt ne pouvait pas être sérieux. Le Vaisseau Fantôme n'était qu'une légende.
On disait qu'il était condamné à errer sur les mers jusqu'à la fin des temps, n'apparaissant que les jours de tempête. Autant chercher un Carambar dans une botte de foin. Quant à ramener son pavillon noir… c'était une pure folie.

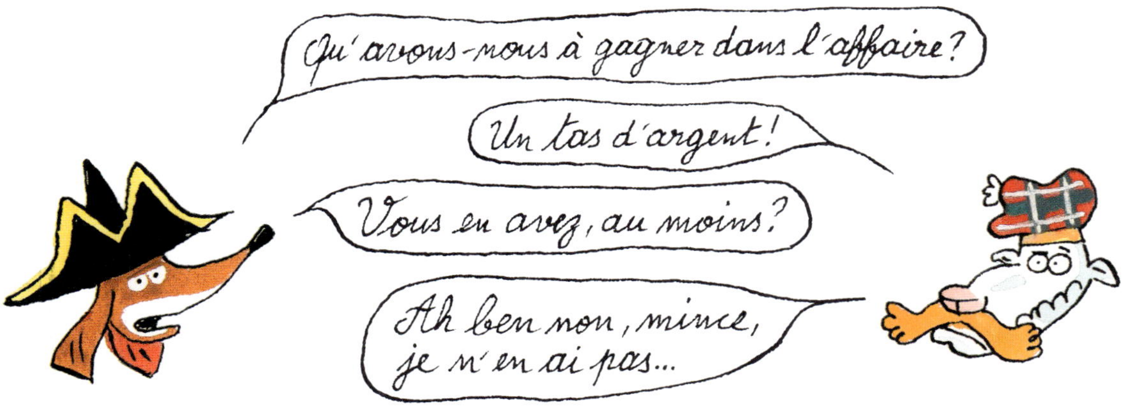

« Mais attendez ! Il paraît que le Vaisseau Fantôme transporte un faramineux trésor. En cas de victoire, il serait entièrement à vous ! Alors, camarades, c'est entendu ? »

Les chiens pirates étaient obligés d'accepter. Le code de la piraterie était formel sur ce point : on ne refuse pas une aventure qui se présente, surtout s'il y a une dette d'honneur et un faramineux trésor en jeu. Ils donnèrent donc rendez-vous à ce curieux individu pour le lendemain (pas trop tôt).
Avant de partir, le mousse demanda :
« Au fait, c'était pour quoi faire, les brocolis ? »
Mac Guffin aperçut le sac rempli de l'infâme légume.
« Aaaah, vous y avez penché ! *CHOMP CHOMP CHOMP !*
Grand merchi, camarades ! » dit-il en en gobant une pleine poignée.

Les chiens pirates, terrifiés, répondirent que non merci, que malheureusement ils étaient très pressés, et ils partirent en courant.

Ce soir-là, ils se couchèrent tôt. L'honneur du clan Mac Guffin tout entier était entre leurs pattes, et ils comptaient bien se montrer dignes de ce défi.
À eux la victoire ! À eux le trésor !
Tandis qu'ils s'endormaient, il leur sembla vaguement entendre, au loin, le son d'une cornemuse clamant dans le vent son espoir et ses craintes.

Mercredi

Au matin du départ, il était à peine midi lorsque les chiens pirates furent réveillés en sursaut par un barouf terrible.
Les yeux tout collés, ils sortirent voir ce qui se passait et tombèrent sur un livreur de chez Mammouth qui entassait des tonneaux sur le pont. Mac Guffin se tenait à ses côtés, sa fidèle cornemuse en bandoulière. Il avait l'air enchanté.

Hello camarades, j'ai fait livrer une réserve de brocolis pour le voyage!
Il y en aura pour tout le monde!!!
Brocolis
Brocolis
Brocolis
Brocolis
Brocolis
Brocolis
Brocolis
MAMMOUTH

À ce moment, le cambusier sonna le rassemblement général (le livreur de chez Mammouth s'était joint à la compagnie, mais on lui demanda poliment de partir).
« Prêts pour l'aventure ? » demanda-t-il.
« Ouééééééé ! » répondirent en chœur les chiens pirates, en sautillant partout.
POOOOON! souffla Mac Guffin dans sa cornemuse (ce qui fit sursauter tout le monde).
« Très bien », reprit le cambusier. « Allons consulter Walrus, le Grand Poseur d'Énigmes, gardien du Septentrion. Larguez les garcettes ! Parez les drisses ! En avant toute, cap au nord ! »

D'un seul élan, chacun fut à son poste et le Biscrok fila sous bon vent, sans encombre, sur les vagues couleur d'azur d'une mer propice. Bientôt se profila, au loin, l'imposante silhouette d'un phare de haute mer. C'était le phare du Septentrion, le plus majestueux et le plus célèbre de tous. La nuit, son puissant faisceau balayait l'océan à des milles à la ronde.

À l'entrée du phare les attendait un vigoureux personnage. C'était Walrus, le Grand Poseur d'Énigmes, gardien du Septentrion. Moustachu, énergique, d'une remarquable endurance, il avait fait cent fois le tour du monde et avait su se tirer d'affaire en plus d'une circonstance. Nombreux étaient les marins qui venaient le voir avant de se risquer dans une aventure.

« Salut à toi, ô Walrus, gardien du Septentrion! Nous sommes à la recherche du Vaisseau Fantôme! » répondit le cambusier.

« Tu entendras l'énigme. À une seule réponse tu auras droit », répondit-il. « En cas d'échec, vous partirez. Telle est la règle. Suis-moi ! »

Tandis que les autres attendaient dehors, Walrus mena le cambusier dans une pièce lambrissée de bois vernis. Il sortit deux verres, qu'il remplit à ras bord de son meilleur jus de sardine (le cambusier goûta, réprima une grimace et reposa discrètement son verre).

Alors, d'une voix sonore, Walrus récita :
« Mon premier est un autre mot pour dire *instituteur*… »
À cet instant, un vacarme épouvantable éclata au-dehors.

« Ne faites pas attention », dit le cambusier. « C'est juste un mouton en kilt qui joue de la cornemuse. »
L'air contrarié, Walrus reprit :
« Mon second est un petit cube qu'on lance pour tirer au sort de un à six… »

Mais le vacarme ne s'arrêtait pas.

POOOOONNNDVUUUTCRiiiiii

Le Grand Poseur d'Énigmes eut soudain l'air très fatigué. « Mon troisième est une… »

DiiiiiDUUUUUDVUUUUUUUT

« … une euh… une vaste étendue d'eau salée… Mon tout règne sur… MAIS NOM DE NOM, CELA VA-T-IL BIENTÔT CESSER ? » hurla-t-il en se levant brusquement.

Ayant rejoint le reste de la troupe, le cambusier hocha la tête et sourit.

Aha, c'était vraiment eux les MEILLEURS, ils avaient résolu L'ÉNIGME du Grand Poseur d'Énigmes ! Hourra pour les chiens pirates, la terreur des cinq océans, la pire canaille ayant jamais navigué !

Après avoir bien exulté, ils levèrent l'ancre.
Demain, ils auraient l'insigne honneur de saluer le Maître des Océans ! Vive la joie ! En route pour l'aventure !

Jeudi

Le lendemain matin, juste après l'heure du déjeuner, les chiens pirates arrivèrent en vue d'un îlot rocailleux battu par les flots. « Terre en vue ! Terre en vue ! » cria le gabier du haut de la vigie.

Une brise cinglante faisait froid aux oreilles, piquait le nez et secouait le Biscrok comme un cocotier.
Les chiens pirates étaient enfin parvenus à l'inhospitalière demeure du Maître des Océans. L'île semblait inhabitée. Pas une maison, pas une cabane, pas une tente Quechua en vue. Rien que des rochers dont les ombres lugubres s'étendaient sur le sable couleur chagrin.

Le Maître des Océans était introuvable, et les chiens pirates commençaient à désespérer. Si ça se trouvait, il était parti faire des courses, ou alors il se cachait, ou il faisait la sieste, ou alors il était en vacances, ou il s'était fait kidnapper par des bandits, ou bien…

Les chiens pirates regardèrent autour d'eux sans voir personne.
« Regardez plus bas ! » reprit la voix.
Et en effet, là, sur un petit rocher, se tenait un bigorneau.

« Enchanté, mon petit bonhomme ! » dit le gabier. « Veux-tu bien arrêter tes bêtises et nous indiquer où se trouve le Maître des Océans ? C'est pour une affaire urgente. »
« N'écoutes-tu pas ce que je dis ? » soupira le bigorneau. « Je suis le Maître des Océans, et le Maître des Océans, c'est moi. »

Les chiens pirates étaient stupéfaits.
Ils auraient imaginé un personnage plus…
euh… comment dire ? Plus majestueux.

« Vous ne pouvez pas être le Maître des Océans, vous êtes un fruit de mer ! » s'exclama le gabier.
« Est-ce par ma taille que vous devez me juger ? Eh bien, vous ne le devez pas », reprit le bigorneau avec sévérité. « Car la force de l'océan est mon alliée. Elle nous entoure et nous relie. Vous devez sentir la force. »
« Olala, désolé… » dit le gabier, qui ne savait plus où se mettre.

Les chiens pirates, alors, expliquèrent l'objet de leur quête.
Le Vaisseau Fantôme, l'honneur du clan Mac Guffin (sur dix générations), le faramineux trésor et tout le bazar.
Le bigorneau les écouta avec attention.

« Mmmmh, je vois… » dit-il enfin. « À présent, pour prouver votre valeur, vous devez vous soumettre au jeu des épreuves de la Reine des Abysses. »

« Bon, d'accord… on va essayer… » dit le timonier.
« Non, n'essayez pas. Faites-le ou ne le faites pas. Il n'y a pas d'essai », lui répondit le bigorneau.
« Où se trouve la Reine des Ab… » demanda le timonier.
Mais le bigorneau ne le laissa pas terminer :

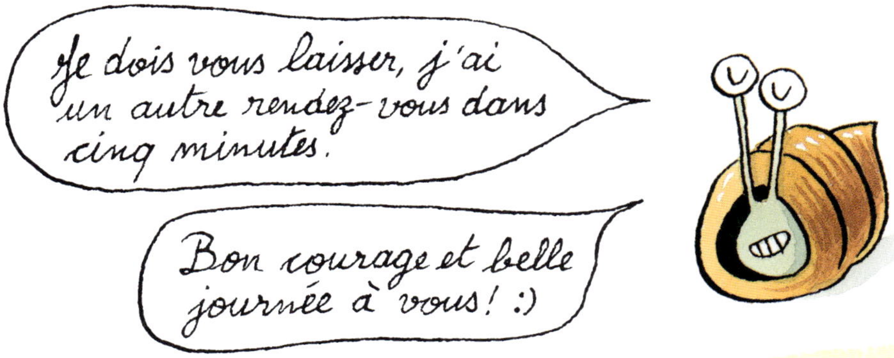

Une brume glaçante était tombée sur l'île.
De hautes vagues venaient cogner contre les falaises.
Les chiens pirates regagnèrent leur navire.

Dans quelle direction devaient-ils aller pour trouver la Reine des Abysses ? Le bigorneau ne l'avait pas précisé, et ils n'en avaient aucune fichue idée. Il fallait pourtant se décider, et vite.

s'exclama alors le timonier. « Il n'y a pas d'essai ! »

Et sur ces mots, il lâcha d'un coup la barre du Biscrok. Elle se mit à tourner à toute vitesse, et le navire s'élança où bon lui semblait.

Caracolant sur les vagues déchaînées, dans un nuage d'écume, le bateau ivre fila sous le ciel émaillé d'étoiles. Les chiens pirates avaient confié leurs destins et leurs vies aux mains de l'océan. Seul l'avenir leur prouverait s'ils avaient eu tort ou raison.

Vendredi

La nuit avait fini par passer son chemin. Au firmament, le soleil de midi brillait d'un éclat coruscant. Les vagues et le vent se reposaient. Tout était calme.

Disons plutôt, tout était *presque* calme. Mac Guffin mastiquait des brocolis en faisant un bruit de moissonneuse-batteuse.

C'était tant triste à dire mais les chiens pirates n'en avaient pas la moindre idée.

Sans la Reine des Abysses, tout serait fichu. L'honneur du clan Mac Guffin serait chiffonné, le faramineux trésor leur passerait sous la truffe et il n'y aurait pas plus de victoire que de beurre aux branches.
Alala, c'était vraiment eux les plus mauvais pirates des mers du Sud, la honte des cinq océans, les pires patates ayant jamais navigué.
Le calfat, qui était émotif, en avait les larmes aux yeux.

Seul Mac Guffin gardait sa bonne humeur.
« Allons, allons, camarades, ne vous laissez pas abattre ! »
Il improvisa une danse (pas vraiment gracieuse, mais marrante) pour remonter le moral des chiens pirates, et se mit à chanter de sa voix éraillée :

À cet instant, à quelques encablures du navire, de grosses bulles se formèrent à la surface de l'eau. Mac Guffin poursuivait sa gigue.
« Reeeeine des Abyyyssseeees, Reine des Abyyyyysses.
Où es-tu donc, Reine des Abyyyyssseees ? Lali lalaaaaaa… »

À présent, l'océan bouillonnait carrément. Tous vinrent s'accouder au bastingage pour voir ce qui se passait. Là, devant leurs yeux ébahis, des poissons volants aux écailles miroitantes jaillirent, suivis par un gracieux ballet de dauphins, de crabes, de crustacés et d'oiseaux de mer.

Émergea alors des flots un coquillage
de la plus belle nacre, tout scintillant
de chatoyance superbe.
Une sirène altière trônait en son centre.

« Je suis la Reine des Abysses », dit fièrement la sirène. « Vous m'appelâtes ? »
« Hein, de quoi ? » demanda Mac Guffin.
La sirène soupira.
« Je suis la Reine des Abysses », répéta la sirène. « Vous m'avez appelée ? »
« Aaaah, pardon, oui tout à fait, votre majestueuse Majesté ! » s'empressa de répondre Mac Guffin en se courbant bien bas.
« Quel est l'objet de votre requête, Terriens ? »
« Nous sommes à la recherche du Vaisseau Fantôme ! » lui cria le mousse.

S'ils acceptaient de relever le défi ? Évidemment que oui ! N'étaient-ils pas les chiens pirates (et le mouton en kilt du clan Mac Guffin), la terreur des cinq océans, la pire canaille ayant jamais navigué ? De plus, ils étaient tout de même venus pour ça, donc bon.

Toute l'après-midi, ils durent se soumettre à des épreuves.

Sauter par-dessus le trône de la Reine (Mac Guffin était bon à saute-mouton, il s'en tira très bien).

Monter en haut du mât sans avoir le vertige (le gabier réussit haut la patte cette épreuve, il avait l'habitude).

Manger cinq boîtes de saucisses cocktail en moins d'une minute (le canonnier était devenu un maître dans cet art, ce fut pour lui un jeu d'enfant).

Répéter dix fois de suite « piano, panier » très vite, sans se tromper (le cambusier s'en sortit les doigts dans le nez, car il avait l'habitude de réciter de la poésie pendant son temps libre).

Nager autour du Biscrok les yeux bandés (le moucheur le fit sans difficulté, de toute façon ses yeux étaient toujours cachés par son chapeau).

Traverser le pont en courant avec un crabe sur la tête, sans le faire tomber (le timonier avait un grand sens de l'équilibre, il remporta cette épreuve sans problème, au soulagement du crabe).

Citer cinq recettes de pommes de terre (le calfat, qui les adorait, n'eut aucun mal à en trouver).

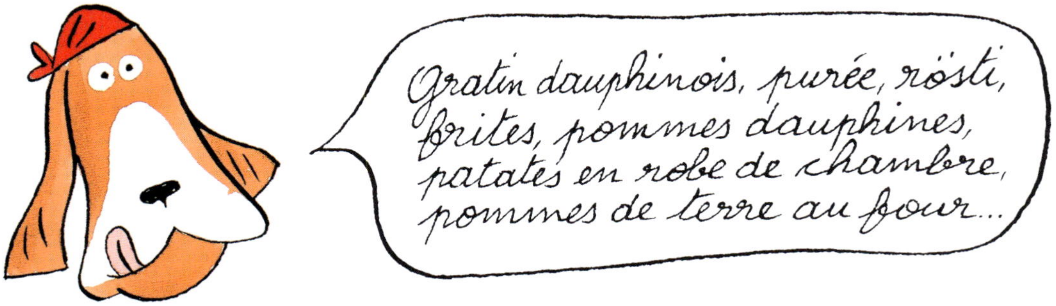

« Oui oui, c'est bon, ça ira ! » l'interrompit la Reine.

Enfin, ce fut le tour du mousse. Passer en dernier lui fichait un trac terrible. Quel défi allait lui lancer la Reine des Abysses ? Du haut de son trône, celle-ci réfléchissait.

Enfer et damnation! Les chiens pirates frémirent. C'était un coup dur pour leur camarade. Mac Guffin lui tendit une branche de l'odieux légume d'un air encourageant.
Alors, le mousse ferma les yeux en pensant très fort à l'honneur du clan Mac Guffin. Il pensa au somptueux trésor, il pensa à sa maman, il pensa à son papa, et il avala le brocoli.

« OOOOOHHH! » s'écrièrent les chiens pirates.
Jamais acte de bravoure ne leur avait paru aussi superbe.
Ils entourèrent leur camarade pour le féliciter. Certes, le mousse était tout barbouillé. Mais ce qui importait, c'est que l'épreuve était gagnée!

«Vous avez su prouver votre courage, Terriens», dit la Reine des Abysses.

Sur ces mots, dans un dernier éclat de nacre et de perles d'eau, la Reine et sa cour disparurent sous la surface. Seul demeura, de part et d'autre de la ligne l'horizon, l'infini bleuté du ciel et de la mer.

Le moral regonflé à bloc (malgré quelques courbatures et indigestion, mais bon, on n'a rien sans rien), les chiens pirates et Mac Guffin levèrent l'ancre.
Le jour commençait à décliner. Dès demain, ils arriveraient au terme de leur voyage et affronteraient le terrible Vaisseau Fantôme.

Samedi

Le grand jour était arrivé. Il était même bien entamé quand les chiens pirates ouvrirent l'œil. Les épreuves de la veille les avaient laissés tout fourbus.
Mac Guffin, lui, pétait le feu.
Il sautillait comme un boxeur avant un combat, tout en marmonnant dans sa barbe, la bouche pleine de brocolis.

Aha ! Il est temps de jouer cartes sur table, Vaisseau Fantôme !
Chomp chomp chomp
Je suis là, viens me chercher !
Chomp chomp
Brocolis

L'heure fatidique approchait. La nuit étendait ses ombres, les vagues se dressaient comme de mouvantes collines. Un à un, les chiens pirates s'installèrent à leur poste, sabre au poing, mousquets chargés, parés pour le combat.

C'est alors qu'un terrifiant galion surgit de l'obscurité. Ses voiles déchiquetées claquaient, ses cordages grinçaient, sa coque luisait d'un éclat vénéneux. En haut du mât flottait un grand pavillon noir.
C'était (vous l'aurez deviné) le redoutable VAISSEAU FANTÔME. Il fonçait tout droit vers le Biscrok.

Mac Guffin, complètement déchaîné, était grimpé en haut des cordages. Des embruns plein la figure, bras en croix, il vociférait :

Puis il ajusta sa cornemuse et se mit à jouer un air tonitruant.

POOOOOONDiiUUUVVPOOOOiiiNNN

Honnêtement, ça faisait son petit effet. Pour une fois, les chiens pirates n'étaient pas fâchés de l'entendre, ça ajoutait à l'ambiance. Avec un peu de chance, ça ferait même fuir l'équipage du Vaisseau Fantôme.

Contre toute attente, Mac Guffin saisit un cordage et s'élança dans les airs. Et, d'un bond, il disparut en face, à bord du Vaisseau Fantôme !

Les chiens pirates étaient consternés. Décidément, ce brave vieux Mac Guffin était devenu totalement dingo ! Il fallait réagir, et vite.

Sans perdre un instant, ils lancèrent leurs grappins et bondirent sur le pont du Vaisseau Fantôme.

Mais une fois sur place, ils s'arrêtèrent net. Au lieu d'être en difficulté, Mac Guffin jouait tranquillement de la cornemuse à un petit fantôme, qui l'écoutait en hochant la tête d'un air approbateur.

Tournant la tête, le petit fantôme aperçut alors les chiens pirates. À l'épouvante générale, il se dirigea vers eux. « Hiiiiiii ! » gémit le calfat avant de tomber dans les pommes. Quant aux autres, ils n'en menaient pas large. Le poing serré sur leur sabre, ils n'osaient pas bouger d'un poil.

Voyant cela, le fantôme s'écria :
« Ah pardon, j'oubliais ! »
Et, d'un geste, il ôta son costume. Et alors là, ce fut rien moins que la stupéfaction, l'abasourdissement, l'ébahissement, la sidération, l'effarement et plus encore. Car devinez un peu qui se cachait sous ce déguisement ? Le livreur de chez Mammouth ? Mais non, rien à voir ! Mac Nugget ? Mac Bouc ? Mais non, pas eux non plus ! Barbechat ? Vous divaguez ! Il n'apparaît même pas dans cette histoire ! La maman du canonnier ? Ah, cette fois, vous chauffez…

Eh bien figurez-vous que le capitaine du Vaisseau Fantôme n'était autre que…

… JACQUELINE, la tante aventurière du canonnier!
(Mais si, vous savez bien, on en a parlé page 12.)
C'était à n'y pas croire, comme coïncidence!

Comment la tante Jacqueline s'était-elle retrouvée capitaine du Vaisseau Fantôme? Pourquoi Mac Guffin lui avait-il joué de la cornemuse? Avec tout ça, à quelle heure allait-on manger? Les chiens pirates étaient tout émotionnés. Trop de questions se bousculaient dans leur tête.

« Il est tard, on discutera de tout ça demain ! »
dit la tante Jacqueline.
Dans l'entrepont du Vaisseau Fantôme,
chacun eut droit à son hamac.

« Et maintenant, cap au dodo, matelots ! »
lança la tante Jacqueline.
Les chiens pirates étaient très contents,
mais aussi très fatigués. À peine eurent-ils
fermé les yeux qu'ils ronflèrent comme
des éléphants de mer.

Dimanche

Lorsque les chiens pirates se levèrent, un bon petit déjeugoûter les attendait sur la table de la cuisine. Quelle joie ! Des sept repas de la journée, celui-ci était leur préféré.

Pendant qu'ils se régalaient avec le chocolat chaud, les petits pains aux coquillettes et la confiture de pâté, la tante Jacqueline leur expliqua tout.

Le Vaisseau Fantôme n'était qu'un décor pour faire peur. L'éclat vénéneux venait de vers luisants. D'astucieux rouages et mécanismes produisaient grincements et claquements…
Grâce à ces effets, les marins terrifiés abandonnaient leur cargaison, qu'elle récupérait ensuite.

« Ce qui serait formidable, ce serait d'ajouter un son de cornemuse ! » s'écria la tante Jacqueline. « Là, l'épouvante serait vraiment parfaite ! »
Mac Guffin, en entendant ça, rougit de plaisir. ENFIN quelqu'un appréciait son art à sa juste valeur !

Tout cela était bien beau, mais alors, et l'honneur du clan Mac Guffin ? Et le faramineux trésor ?
« Pas de problème ! » dit la tante Jacqueline.

Elle les mena dans les cales secrètes du Vaisseau Fantôme, qui débordaient des plus somptueux trésors. Là, cinq tonnes de saucisses cocktail. Ici, cent tonneaux de tartiflette. Plus loin, des malles de croquettes au poulet, des caisses entières de truffes au chocolat.

Les chiens pirates eurent le souffle coupé par tant de beauté.

Ce fut la joie. Ils transportèrent à bord du Biscrok autant de choses qu'ils le purent (décharger les tonneaux de brocolis avait justement libéré de la place pour des trucs bien meilleurs).
Pour finir, la tante Jacqueline leur tendit un pavillon noir de rechange, tout propre et bien repassé.

« YOUHOUUUUU ! » se mit à crier Mac Guffin. « VICTOIRE ! » Aha, c'était vraiment lui le meilleur, le plus grand mouton en kilt ayant jamais navigué, la terreur des hautes terres et des cinq océans, la fierté du clan Mac Guffin sur dix générations minimum !
« VICTOIRE ! » crièrent à leur tour les chiens pirates.
Vive l'aventure et vivent les histoires qui finissent bien !

Après avoir dit au revoir à la tante Jacqueline et à leur ami Mac Guffin (cette patate allait leur manquer), les chiens pirates levèrent l'ancre (en vitesse, de peur d'avoir à subir un concert d'adieu).
Cette fois encore, ils avaient triomphé de l'adversité et résolu les embêtements comme des chefs.

Mais après tout, quoi de plus normal ? N'oublions pas que c'était eux les plus grands pirates des mers du Sud, la terreur des cinq océans et tout le tralala. Dès demain, ils partiraient écumer les mers et chacun tremblerait devant leur puissance !
Quel programme épatant, vous ne trouvez pas ?

Fin.

Hey, ho, les chiens pirates !

Chant traditionnel arrangé par le cambusier